SAG'S mit PAPIER

CREATISSIMO

Geschenkverpackungen, Karten, Anhänger und mehr selber machen

EIN BUCH DER
EDITION MICHAEL FISCHER

LISA TIHANYI

Bibliografische Information der Deutschen Bibliothek.

Die Deutsche Bibliothek verzeichnet diese Publikation in der deutschen Nationalbibliografie. Detaillierte bibliografische Daten sind im Internet über http://www.d-nb.de/ abrufbar.

Alle in diesem Buch veröffentlichten Abbildungen sind urheberrechtlich geschützt und dürfen nur mit ausdrücklicher schriftlicher Genehmigung des Verlags gewerblich genutzt werden. Eine Vervielfältigung oder Verbreitung der Inhalte des Buchs ist untersagt und wird zivil- und strafrechtlich verfolgt. Das gilt insbesondere für Vervielfältigungen, Übersetzungen, Mikroverfilmungen und die Einspeicherung und Verarbeitung in elektronischen Systemen.

Die im Buch veröffentlichten Aussagen und Ratschläge wurden von Verfasser und Verlag sorgfältig erarbeitet und geprüft. Eine Garantie für das Gelingen kann jedoch nicht übernommen werden, ebenso ist die Haftung des Verfassers bzw. des Verlags und seiner Beauftragten für Personen-, Sach- und Vermögensschäden ausgeschlossen.

Bei der Verwendung im Unterricht ist auf dieses Buch hinzuweisen.

EIN BUCH DER EDITION MICHAEL FISCHER

1. Auflage 2017
© 2017 Edition Michael Fischer GmbH, Igling

Covergestaltung: Teresa Mittermaier
Redaktion und Lektorat: Natascha Mössbauer
Layout: Teresa Mittermaier
Illustrationen: Pia von Miller

ISBN 978-3-86355-675-4

Printed in Slovakia

www.emf-verlag.de

Vorwort

♡

Schenken macht mir viel mehr Freude, als beschenkt zu werden! Ich liebe es, tolle persönliche Geschenke auszuwählen – und diese auch gebührend zu verpacken. Denn was gibt es Schöneres, als etwas zu verschenken, bei dem die Verpackung und die Karte schon für leuchtende Augen sorgen. Wenn mir jemand sagt „Das ist doch viel zu schade, um es zu öffnen", hab ich alles richtig gemacht. In diesem Buch findest du viele kreative und inspirierende Ideen für schöneres Schenken. Also: Wenn du einmal keine Worte finden solltest – sag's mit Papier!

Lisa Tihanyi

Inhaltsverzeichnis

5
Werkzeug und
MATERIAL

7
Schön schreiben
LEICHT GEMACHT

9
Faltverzierung
FÜRS GESCHENK

11
3D-Lettering
MIT LIEBEN WÜNSCHEN

13
Pompöse
POMPONS

15
Geschenkschleifen
AUS PAPIER

17
Marmorierte
BOTSCHAFTEN

19
Zweifarbige
GIFTTAGS

21
Gifttags mit
MINI-WABENBÄLLEN

23
Karten
AM STIEL

25
Glitzernde
WIMPELKARTEN

27
Buchstaben-
STATEMENT

29
Konfetti-
GESCHENK

31
Karten mit
OMBRÉ-HERZEN

33
Gefaltetes
DIAMANTGESCHENK

35
Bunte
WASSERFARBENTAGS

37
Raffiniert
EINGETÜTET

39
Blumig
BESCHENKT

41
Calla
AUS PAPIER

43
Spitzen-
BRIEFPAPIER

45
Etiketten
SELBST GEMACHT

47
Lettering-
GESCHENKPAPIER

48
Danksagung/
ÜBER DIE AUTORIN

Werkzeug und MATERIAL

❶ SCHÖNE EINFARBIGE UND GEMUSTERTE PAPIERE

Für die Ideen in diesem Buch brauchst du einfarbige und gemusterte Papiere in verschiedenen Stärken. Damit die Ergebnisse besonders schön werden, ist zu empfehlen, mindestens 100 g/m²-starkes Papier zu verwenden. Einige Hersteller bieten auch Blöcke mit vielen verschiedenen Musterpapieren an.

❷ MOTIVLOCHER

Für einige der Ideen brauchst du einen Motivlocher. Gerade ein Herzmotiv bietet sich immer wieder an. Motivlocher sind deshalb sehr praktisch, weil du somit nicht immer wieder gleiche Motive ausschneiden musst, sondern schnell und einfach z. B. viele kleine Papierherzen damit produzieren kannst.

❸ EYELETS, EYELETSET UND HAMMER

Geschenkanhänger sehen mit Eyelets (Ösen) besonders schön aus. Dafür benötigst du bunte Eyelets, ein Eyeletset (mit Loch- und Eyeletwerkzeug) und einen Hammer. Stanze mit dem Lochwerkzeug ein Loch (oder eine andere Form) in die obere Mitte des Geschenkanhängers. Schiebe im nächsten Schritt das Eyelet hindurch und fixiere es mithilfe des Eyeletwerkzeugs und des Hammers.

❹ STEMPEL UND STEMPELKISSEN

Um Geschenke und Grußkarten zu personalisieren, ist eine individuelle Botschaft sehr schön. Diese muss aber nicht immer nur geschrieben werden, sondern sieht auch gestempelt richtig hübsch aus. Dafür sind Buchstabenstempel eine tolle Möglichkeit. Um Papiere zusätzlich mit vielen bunten Motiven zu verschönern, eignen sich verschiedene Motivstempel.

❺ BÄNDER UND GARNE

Für das i-Tüpfelchen deiner Geschenkverpackungen hältst du am besten verschiedenfarbige Bänder und Garne bereit.

❻ PAPIER-SCHNEIDEMASCHINE

Um Papiere auf eine bestimmte Größe zuzuschneiden (z. B. von A4 auf A5) eignet sich eine Papier-Schneidemaschine. Damit gewährleistest du, dass die Ränder gerade und präzise geschnitten werden.

❼ SCHNEIDEWERKZEUG UND PAPIERSCHERE

Nutze zum Schneiden von Papier immer eine spezielle Papierschere, die vorne spitz ist. So kannst du auch kleinteiligere Ecken am Papier gut erreichen. Für besonders präzises Arbeiten empfiehlt sich ein Schneidewerkzeug/Cutter für Papier.

Wichtig: Hier unbedingt eine Schneidematte unterlegen, um den Tisch nicht zu beschädigen.

Schön schreiben
LEICHT GEMACHT

Um Grußkarten und Geschenkverpackungen zu personalisieren, fehlt als letzter Schliff nur noch eine handgeschriebene Botschaft.

Besonders schön sehen deine geschriebenen Werke mit Brush Lettering, einer modernen Version von Kalligrafie mit einem Pinsel oder Pinselstift (Brush Pen) aus. Brush Lettering mit einem Brush Pen ist die Einsteigervariante. Fortgeschrittene machen das mit einem Pinsel und Farbe (siehe Abbildung 1), aber Brush Pens sind prima zum Üben. Diese Stifte haben eine Pinselspitze aus feinen Härchen oder Kunststoff. Je fester die Spitze, desto einfacher ist das Üben mit dem Brush Pen. Je flexibler die Pinselspitze ist, desto weniger kontrollierbar sind die Linien – das macht den besonderen Charme des Brush Letterings aus.

BRUSH LETTERING – SO GEHT'S!

Im ersten Schritt kannst du das Wort, das du schreiben willst, mit Bleistift vorskizzieren. Hier empfehle ich, die Linien später wieder leicht auszuradieren, da sie nicht bei allen Farben vollständig überdeckt werden. Ich benutze hier einen rosa Brush Pen, bei dem die Linien noch durchschimmern.

Wenn du mit dem Stift ansetzt, merke dir eine Grundregel: Bei Linien, die nach oben führen, ist die Spitze schmal. Bei Linien, die nach unten führen, ist die Spitze breit. So versuchst du, die Strichstärke zu variieren, je nachdem, ob die Linien nach oben oder unten führen – das ist alles! Übe bei den schmalen Linien weniger, bei den breiteren Linien mehr Druck auf den Stift aus. So ergibt sich das Schriftbild des Brush Lettering (siehe Abbildung 2).

FAKE-BRUSH LETTERING:

Wer sich noch nicht ans Brush Lettering herantraut, kann das Wort auch so aussehen lassen, ohne dass es mit einem Brush Pen geschrieben wurde. Das nennt sich „Faux Calligraphy" (siehe Abbildung 3). Nimm einen Fineliner und schreibe das Wort zunächst normal mit durchgängig gleichen Linien.

Jetzt lässt du das Wort so aussehen, als wäre es mit einer Feder oder einem Pinsel geschrieben worden. Ziehe die Linien, die nach unten gezogen werden, etwas dicker nach. Aber nicht alle! Nur die Linien, bei denen der Stift auch beim Schreiben mit dem Bleistift nach unten gewandert ist. Schon hast du auch hier das typische Brush-Lettering-Schriftbild erreicht, nur eben ganz einfach mit einem Fineliner.

Faltverzierung FÜRS GESCHENK

Kreisförmige Faltverzierungen machen jedes Geschenk besonders, egal wie langweilig die Verpackung aussieht! Opulent wird es, wenn du zwei Faltrosetten mit unterschiedlicher Größe aufeinanderklebst.

MATERIAL

* Tonpapier, in zwei beliebigen Farben
* Schere
* Lineal
* Bleistift
* Flüssigklebstoff oder Klebestift
* 2 Wäscheklammern

1. Zunächst schneidest du aus beiden Tonpapieren jeweils eine Bahn aus: einmal 7 x 29 cm und einmal 10 x 29 cm.

2. Nun faltest du die schmale Seite der zwei Tonpapiere jeweils ziehharmonikaartig im Abstand von 1 cm.

3. Jetzt kommt der Klebstoff zum Einsatz. Führe die Enden der Ziehharmonika zusammen und klebe diese mit Klebstoff fest. Nutze Wäscheklammern, um die Enden zu fixieren, während das Papier trocknet. Wiederhole das Ganze mit der zweiten Ziehharmonika. Nun musst du deine beiden Ziehharmonikas nur noch in Kreisform drücken. Dafür drückst du den oberen Rand nach innen und fixierst den Mittelpunkt mit etwas Klebstoff. Klebe beide Papiere aufeinander. Um sie am Geschenk zu befestigen, einfach mit Klebstoff an einem Geschenkband festkleben.

TIPP: Wie wäre es mit einem Glückwunsch-Banner? Dafür einen größeren und einen kleineren Banner in verschiedenen Farben ausschneiden, aufeinanderkleben, mit Goldstift beschriften und mit Klebstoff auf der Rosette befestigen.

3D-Lettering
MIT LIEBEN WÜNSCHEN

So kombinierst du Karte und Geschenk: Schreibe deine lieben Wünsche direkt aufs Geschenk. Und zwar nicht schnöde mit Kugelschreiber, sondern mit einem ganz besonderen Schriftzug aus Papier.

MATERIAL

* Vorlage zum Download unter www.emf-verlag.de/sagsmitpapier
* evtl. Brush Pen
* evtl. weißes Papier
* Bleistift
* Cutter/Schere
* Glitzer-Tonkarton
* Klebepads

1. Für den ersten Schritt hast du zwei Möglichkeiten: Entweder du entwirfst selbst einen Schriftzug deiner Wahl mithilfe eines Brush Pens – oder du druckst dir die zur Verfügung gestellte Vorlage aus. Schneide diese mit einem Cutter oder einer Schere aus.

2. Übertrage die Vorlage auf die Rückseite des Glitzer-Tonkartons. Vorsicht: Drehe die Vorlage auf links, sonst ist der Schriftzug später verkehrt herum. Schneide den Schriftzug dann mit dem Cutter aus.

3. Nun kommen die Klebepads zum Einsatz – damit hebst du den Schriftzug in die Höhe. Klebe erst einmal zwei davon aufeinander und klebe diese dann von hinten auf den Schriftzug, der damit wiederum am Geschenk befestigt wird.

TIPP: Als süße Verzierung machen sich kleine Glitzerherzen sehr gut. Diese einfach Freihand ausschneiden oder mit einem herzförmigen Stanzer ausstanzen. Auf der Rückseite mit Klebepads versehen´und das Geschenk damit verzieren.

Pompöse POMPONS

Pompons machen sich immer und überall gut! Egal, ob hängend als schicke Wanddekoration oder als großes, wortwörtliches Sahnehäubchen auf einem liebevoll verpackten Geschenk.

MATERIAL

* mindestens 10 Schichten Seidenpapier, Farbe nach Wahl
* Schere
* Garn
* doppelseitiges Klebeband

1. Lege mindestens 10 Schichten Seidenpapier aufeinander. Diese schneidest du im Quadrat aus. Wie groß das Quadrat wird, bestimmst du selbst.

2. Nun faltest du die Quadrate ziehharmonikaartig im Abstand von 1 cm auf. Nimm dabei alle 10 Schichten Seidenpapier auf einmal. Nun knickst du die fertig gefaltete Ziehharmonika einmal in der Mitte – so bestimmst du die Mitte. Schneide rechts und links von der Mitte ganz leicht ein und binde die Ziehharmonika an dieser Stelle mit Garn zusammen.

3. Nun kannst du beide Enden der Ziehharmonika mit der Schere rund oder eckig zuschneiden, deiner Fantasie sind hier keine Grenzen gesetzt. Als Nächstes brauchst du deine Pompons nur noch aufzufächern. Du kannst sie mit doppelseitigem Klebeband am Geschenk festkleben oder mit Garn daran festknoten.

Geschenkschleifen AUS PAPIER

Schleifen aus Geschenkband sind langweilig – das kann jeder! Wie wäre es stattdessen mit Schleifen aus Papier, die auch noch stabil sind? Damit kannst du Geschenke oder Grußkarten verzieren.

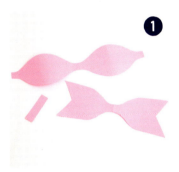

MATERIAL

* Vorlagen zum Download unter www.emf-verlag.de/sagsmitpapier
* Schere
* Musterkarton
* Flüssigklebstoff
* Wäscheklammer

1. Drucke die Vorlagenteile für die Geschenkschleifen aus. Schneide diese aus, so hast du eine Schablone. Übertrage die Schablone auf einen hübschen Musterkarton und schneide die einzelnen Teile aus.

2. Verteile ein wenig Flüssigklebstoff in der Mitte des Schleifenteils mit den runden Enden und führe den äußeren Rand in die Mitte, wie auf der Abbildung zu sehen ist. Fixiere die geklebte Stelle zusätzlich mit einer Wäscheklammer.

3. Wenn diese Seite trocken ist, wiederhole das Prozedere mit der anderen Seite. Fixiere die Stelle wieder mit der Wäscheklammer. Nun kommt das Schleifenteil mit den spitzen Enden hinzu, dieses bildet das Unterteil der Schleife. Klebe die erste Schleife in der Mitte auf dem Unterteil fest. Die Klebestelle verdeckst du dann ganz einfach mit dem kleinen Schleifenband, welches du um den Mittelpunkt der Schleife legst und an der Unterseite der Schleife gut festklebst.

TIPP: Drucke dir die Vorlage am besten in verschiedenen Größen aus – so kannst du die Schleifengröße variieren!

Marmorierte BOTSCHAFTEN

Der Marmor-Trend ist zurück – und das zu Recht. Besonders toll machen sich marmorierte Flächen auf Grußkarten. Das i-Tüpfelchen ist dann eine handkalligrafierte Botschaft darauf.

MATERIAL

* Wanne oder Teller, mindestens in der Größe des Aquarellpapiers
* Rasierschaum
* Lebensmittelfarben, mindestens 2 Farben
* Schaschlikspieß
* Aquarellpapier
* Schere
* Metalllineal
* Brush Pen

1. Fülle deinen Behälter mit Rasierschaum. Du kannst ihn ruhig mehrere Zentimeter hoch einfüllen. Gib dann einige Tropfen der ersten Lebensmittelfarbe auf den Rasierschaum und verteile die Farbe mit dem Schaschlikspieß darüber.

2. Gib nun die zweite Lebensmittelfarbe hinzu. Verteile die Farbe dann wieder mit dem Schaschlikspieß, aber achte dabei darauf, dass du die Farben nicht zu sehr vermengst, sondern dass beide Farben noch gut erkennbar sind. Ansonsten wird die Farbe optisch nämlich schnell bräunlich.

3. Schneide das Aquarellpapier in der Größe, die du benötigst, zurecht. Drücke es in den marmorierten Rasierschaum und nimm es wieder heraus. Den überschüssigen Rasierschaum streichst du mit dem Metalllineal vom Papier herunter. Wenn es trocken ist, kannst du mit einem Brush Pen eine Botschaft deiner Wahl anbringen.

TIPP: Du kannst aus dem marmorierten Papier auch Motive, z. B. kleine Herzen, ausstanzen und einfarbige Karten damit verzieren. Oder du marmorierst einfach nur einen Teil eines einfarbigen Briefumschlags.

Zweifarbige GIFTTAGS

Jede schnöde Geschenkverpackung lässt sich mit farbigen Geschenkanhängern aufpeppen. Diese sind besonders schick: Sie haben eine gemusterte und eine einfarbige Seite mit Platz für Botschaften.

MATERIAL

* Vorlage zum Download unter www.emf-verlag.de/sagsmitpapier
* Schere
* Bleistift
* Papier in zwei Farben, gemustert und einfarbig
* Klebestift
* pro Anhänger ein Eyelet
* Eyeletset (Loch- und Eyeletwerkzeug)
* Hammer
* buntes Garn

1. Im ersten Schritt druckst du dir die Vorlage aus. Schneide sie aus und benutze sie als Schablone. Übertrage sie auf das gemusterte Papier und schneide dieses aus.

2. Klebe das gemusterte Papier mit der linken Seite auf das einfarbige Papier. Sobald der Klebstoff getrocknet ist, schneidest du die zusammengeklebten Papiere in Form des Geschenkanhängers aus. Falte dann den Geschenkanhänger in der Mitte, wie auf der Vorlage gekennzeichnet. Achte darauf, dass das gemusterte Papier außen ist.

3. Stanze mit dem Lochwerkzeug ein Loch in die obere Mitte des Geschenkanhängers.

4. Schiebe im nächsten Schritt das Eyelet hindurch und fixiere es mit dem Eyeletwerkzeug und dem Hammer. Jetzt kannst du buntes Garn deiner Wahl hindurchfädeln und dir eine Grußbotschaft für das Innere des Klappanhängers überlegen. Und los geht das Schenken!

Gifttags mit MINI-WABENBÄLLEN

Sehr schick sehen Geschenkanhänger und Karten aus, wenn sie uns dreidimensional entgegenkommen. Sieht kompliziert aus, ist aber, wie bei diesen hübschen Wabenbällchen, ganz einfach umzusetzen.

MATERIAL

* Vorlage zum Download unter www.emf-verlag.de/sagsmitpapier
* Schere
* Bleistift
* Tonkarton, mehrere Farben
* Eyeletset (Loch- und Eyeletwerkzeug)
* pro Anhänger ein Eyelet
* Hammer
* Mini-Wabenbälle (Ø 5 cm)
* Flüssigklebstoff
* Filzstift in Schwarz
* Gelstift in Weiß

1. Zuerst druckst du die Vorlage für den Geschenkanhänger aus. Schneide ihn aus und übertrage die Schablone auf den Tonkarton. Schneide den Geschenkanhänger anschließend aus dem Tonkarton aus. Stanze mit dem Lochwerkzeug ein Loch in die obere Mitte des Anhängers. Schiebe im nächsten Schritt das Eyelet hindurch und fixiere es dann mit dem Eyeletwerkzeug und dem Hammer.

2. Nun klappst du deinen Mini-Wabenball auf und verteilst den Klebstoff auf der Rückseite. Drücke die Rückseite des Wabenballes nun auf den Geschenkanhänger und lass ihn trocknen. Achte darauf, dass du unter dem Wabenball noch viel Platz zum Malen lässt.

3. Nun kannst du kreativ werden: Wabenbälle machen sich toll als Eiskugel in der Waffel oder als Luftballon. Male mit dem Filzstift eine Eiswaffel und setze mit dem weißen Gelstift Akzente. Oder du malst die Schnur eines Luftballons daran!

TIPP: Die Wabenbälle kannst du auch super direkt auf deinem Geschenkpapier anbringen und zusätzlich mit Stiften oder buntem Garn verzieren.

Karten
AM STIEL

Brauchst du eine sommerliche Geburtstagskarte, oder hast du eine Gartenparty geplant? Wie wäre es dann mit ebenso sommerlichen Geschenkanhängern, die aussehen wie Eis am Stiel?

MATERIAL

* Acrylspray in zwei Farben
* Aquarellpapier
* Vorlage zum Download unter www.emf-verlag.de/sagsmitpapier
* Bleistift
* Schere
* Flüssigklebstoff
* pro Karte ein Holzstiel
* Eyeletset (Loch- und Eyeletwerkzeug)
* pro Karte ein Eyelet
* Hammer
* Garn

1. Sprühe zunächst das Aquarellpapier mit dem ersten Acrylspray flächig an und lass es trocknen. Wenn es trocken ist, sprühe an mehreren Punkten mit dem zweiten Spray darüber. So erzielst du einen schönen Airbrush-Effekt.

2. Knicke das Aquarellpapier in der Mitte, sodass die bunte Seite außen zu sehen ist. Im Papierbruch malst du mit der ausgedruckten Vorlage als Schablone die Eisform mit Bleistift auf. Schneide diese aus.

3. Klebe jetzt einen Holzstiel auf die Rückseite der Karte. Wenn du möchtest, kannst du ein Eyelet ergänzen, um die Karte mit Garn schließen zu können. Hierfür stanzt du mit dem Lochwerkzeug ein Loch in die rechte Mitte des Anhängers. Schiebe im nächsten Schritt das Eyelet hindurch und fixiere es mit dem Eyeletwerkzeug und dem Hammer. Zum Schluss kannst du deine Eiskarte noch mit Garn zubinden.

TIPP: Um die Eiskarten außen zu beschriften, eignet sich ein weißer Gelstift besonders gut – dieser hebt sich optisch von den bunten Farben ab. Innen kann die Eiskarte mit beliebigen Stiften verziert werden.

Glitzernde WIMPELKARTEN

Von außen eher unscheinbar, begeistert diese Karte jedoch so richtig, wenn der Beschenkte sie aufklappt. Überraschung! Hier kommen viele kleine dekorative Wimpelketten zum Vorschein.

MATERIAL

* Glitzerpappe in zwei Farben
* Schere
* Klappkarte
* Flüssigklebstoff
* goldenes Garn
* Wäscheklammern
* Lochzange

1. Im ersten Schritt schneidest du von jeder Farbe der Glitzerpappe je fünf kleine Dreiecke aus. Diese klebst du dann, jeweils wie abgebildet, auf die Innenseite der Karte.

2. Nun schneidest du von der ersten Farbe neun und von der zweiten Farbe fünf Wimpel aus der Pappe aus und knickst sie in der Mitte, sodass die glitzernde Seite zu sehen ist.

3. Jetzt bestreichst du die geknickten Wimpel an der Innenseite mit Klebstoff. Klebe sie um das Garn und lass dabei jeweils links und rechts etwas Platz. Pro Girlande sollten es 4-5 Wimpel sein. Fixiere die Wimpel mit Wäscheklammern, bis der Klebstoff getrocknet ist. Nun kannst du mit der Lochstanze die Stellen, an die du die Wimpelketten in die Karte hängen möchtest, links und rechts lochen. Einfach mit dem Garn verknoten – fertig!

TIPP: Damit man die Löcher an der Außenseite der Karte später nicht mehr sieht, verziere sie auch hier mit Wimpeln – diese werden ganz einfach über die Löcher geklebt!

Buchstaben- STATEMENT

Ganze Namen auf Geschenken sind so old school! Viel schicker ist doch ein großer Letter aus Papier mit dem Anfangsbuchstaben des Beschenkten, die sich übers komplette Geschenk erstreckt.

MATERIAL

* Buchstabenvorlage
* Schere/Cutter
* Bleistift
* Glitzerpappe
* Klebepads

1. Suche dir in deinem Schreibprogramm am Computer eine schöne Schreibschrift aus und schreibe damit den Großbuchstaben deiner Wahl. Vergrößere diesen so stark, dass er sich über eine komplette Seite erstreckt, und drucke ihn aus. Schneide die Vorlage aus, übertrage sie auf die Rückseite der Glitzerpappe und schneide den Buchstaben anschließend aus.

2. Nimm die Klebepads zur Hand und platziere sie auf der Rückseite des Buchstabens – je nach Größe des Buchstabens an mindestens fünf Stellen. Wenn du an diesen Stellen je ein Klebepad platziert hast, erhöhe jedes einzelne noch mit zwei weiteren, die du einfach daraufklebst.

3. Bevor du den Buchstaben auf das verpackte Geschenk klebst, musst du dich noch um die restliche Dekoration kümmern, da der Buchstabe über das komplette Geschenk ragen wird. Deshalb verziere das Geschenk zuvor mit Geschenkbändern und Garn deiner Wahl und platziere dann deinen Buchstaben darauf.

Konfetti-GESCHENK

Konfetti und ganz viel „Hurra" gibt es bei feierlichen Anlässen – wie wäre ein Geschenk also besser verpackt als mit einem hübschen Farbverlauf aus dreifarbigem Konfetti?

MATERIAL

- Origamipapier in drei Farben aus einer Farbfamilie
- Locher
- Packpapier oder ein anderes neutrales Geschenkpapier
- Flüssigklebstoff

1. Lege dir Origamipapier in drei verschiedenen Farben, aber aus einer Farbfamilie, bereit. Am besten, du wählst Farben aus, die jeweils eine Nuance dunkler bzw. heller sind, so erzielst du einen schönen Farbverlauf. Loche das Konfetti und lege es dir in drei gleich große kleine Häufchen bereit.

2. Nun streichst du ein bereits verpacktes Geschenk in dem Bereich, den du mit Konfetti bedecken möchtest, mit Flüssigklebstoff ein. Du kannst das Konfetti parallel zu den Kanten oder schräg anordnen.

3. Jetzt verteilst du das Konfetti auf der mit Klebstoff eingestrichenen Oberseite des Geschenks. Beginne mit der hellsten Farbe und verteile das Konfetti im oberen Bereich. Setze den Verlauf dann mittig mit der dunkleren Farbe fort und beende ihn an der unteren Kante mit der dunkelsten Farbe. Gut trocknen lassen – fertig!

TIPP: Experimentiere mit verschiedenen Farbkombinationen – es muss nicht immer die gleiche Farbfamilie sein, ein ganz buntes Regenbogenmuster sieht auch richtig toll aus!

Karten mit OMBRÉ-HERZEN

Mit den einfachsten Dingen lassen sich oft die tollsten Effekte erzielen. So z. B. mit Farbkarten aus dem Baumarkt! Einfach ausgestanzt, ergeben sich so schöne Ombré-Muster.

MATERIAL

* Motivlocher
* Farbkarten aus dem Baumarkt
* Klappkarte
* Klebestift

1. Suche dir einen Motivlocher, dessen Motivgröße genau zur Größe der Farbbereiche auf den Farbkarten aus dem Baumarkt passt. Besonders schön sind Farbkarten, die große Kontraste bieten, sodass der Farbverlauf gut herauskommt.

2. Nun stanzt du einmal jede Farbnuance mit dem Motivlocher aus, bis du genug Motive für deine Karte hast. Wenn du dich auch für Herzen entschieden hast: Knicke jedes Herz einmal in der Mitte.

3. Nimm nun den Klebestift zur Hand. Beim Anordnen der Farbverlauf-Motive auf der Karte kannst du deiner Fantasie freien Lauf lassen! Es gibt viele verschiedene Möglichkeiten: Du kannst die Motive z. B. streng untereinander oder auch schräg verteilt anordnen.

TIPP: Arbeite bei diesem kreativen Bastelprojekt am besten mit einem Klebestift, da dieser weniger unschöne Klebespuren hinterlässt, als ein Flüssigklebstoff es manchmal tut.

Gefaltetes DIAMANTGESCHENK

Für ganz besonders wertvolle Geschenke muss auch eine ganz besonders wertvolle Verpackung her – zumindest darf sie so aussehen.
Und was wäre wertvoller als ein Diamant?

MATERIAL

* Vorlage zum Download unter www.emf-verlag.de/sagsmitpapier
* Schere
* Glitzerpappe
* Bleistift
* Lineal
* Flüssigklebstoff
* Wäscheklammern
* selbstklebende Klettpunkte

1. Drucke dir die Vorlage aus, schneide sie aus und übertrage sie auf die Rückseite der Glitzerpappe. Übertrage auch die gestrichelten Linien mit einem Bleistift. An diesen Linien wird der Diamant später gefaltet.

2. Nun legst du an alle inneren, gestrichelten Linien das Lineal an. Ziehe die Linien mit der Schere nach. Das erleichtert dir gleich das Falten.

3. Nun kannst du mit dem Falten beginnen: Knicke alle Linien als Talfalten, das heißt, dass die geknickte Stelle am tiefsten ist und sich die Innenseiten berühren. Bestreiche die Laschen mit Flüssigklebstoff und bringe sie an den gegenüberliegenden Seiten zusammen. Fixiere diese Stellen zusätzlich mit Wäscheklammern und lass den Klebstoff gut trocknen. Eine Lasche sollte jetzt noch übrig sein, nämlich für den Deckel des Diamants. Damit du diesen nach Belieben öffnen und schließen kannst, bringst du einfach an dieser Lasche und an der gegenüberliegenden Seite noch zwei Klettpunkte an.

Bunte WASSERFARBENTAGS

Bunt gemischte Wasserfarben ergeben auf dem richtigen Papier einen tollen Aquarell-Effekt – umso hübscher sehen sie aus, wenn man sie als Geschenkanhänger ausschneidet und weiter verziert!

MATERIAL

* Aquarellpapier
* Wasserfarben
* Pinsel
* Vorlage zum Download unter www.emf-verlag.de/sagsmitpapier
* Schere
* Bleistift
* schwarzer Filzstift
* Eyeletset (Loch- und Eyeletwerkzeug)
* pro Anhänger ein Eyelet
* Hammer
* buntes Garn

1. Lege das Aquarellpapier bereit und tobe dich mit vielen verschiedenen Wasserfarben darauf aus. Nimm möglichst viel Wasser. Besonders schöne Effekte erzielst du, wenn du mit einer zweiten Farbe auf eine erste, noch nasse Farbe tupfst. Lass die Farben gut trocknen.

2. Drucke dir die Vorlage für den Anhänger aus und schneide sie aus. Lege sie dann auf das Aquarellpapier und zeichne den Anhänger vor.

3. Jetzt kannst du deiner Fantasie mit einem schwarzen Filzstift freien Lauf lassen: Male auf das Wasserfarbenmuster Punkte, Streifen oder was immer dir in den Sinn kommt. Schneide den Anhänger anschließend aus.

4. Nun musst du noch mit dem Lochwerkzeug ein Loch in die obere Mitte des Geschenkanhängers stanzen. Schiebe das Eyelet hindurch und fixiere es mit dem Eyeletwerkzeug und dem Hammer. Fädle anschließend buntes Garn durch das Loch und befestige den Anhänger damit am Geschenk.

Raffiniert EINGETÜTET

Manche Geschenke lassen sich wegen ihrer Form nur schwer einpacken. Für diese gibt es hübsche Papiertütchen, mit einem Druck der liebsten Buchseiten oder eines besonderen Wörterbuch-Eintrages.

MATERIAL

* kopierte Buchseite in A4
* durchsichtiges Klebeband oder Masking Tape
* Stifte, Farben oder Stempel nach Wahl
* Wäscheklammer

1. Kopiere die Seite eines Buches im A4-Format. Falte das kopierte Blatt an der langen Seite so, dass sich die beiden langen Seiten hinten in der Mitte treffen (du hast einen Papierschlauch, den du dann an den Seiten weiterfaltest.) Klebe die „Naht" in der Mitte längs mit dem Klebeband zu. Drücke die langen Ränder rechts und links nach innen, sodass eine Falte entsteht, die nach innen zeigt. Nun hast du eine dreidimensionale Form. Drücke die kurzen Ränder nach innen ein.

2. Knicke den unteren Rand an der kurzen Seite nach oben.

3. Drücke dann am unteren Rand alle vier Ecken nach innen, wie es auf der Abbildung zu sehen ist.

4. Klebe die unteren Laschen mithilfe des Klebebandes zusammen. Nun kannst du deine Geschenktüte nach Belieben bestempeln oder bemalen. Um sie zu verschließen, knicke den oberen Rand nach unten um und schließe das Tütchen mit einer Wäscheklammer.

TIPP: Als Hingucker: Farbige Papierherzen ausschneiden und mit der Wäscheklammer an der Tüte befestigen.

Blumig BESCHENKT

Frische Blümchen werden irgendwann welk – aber diese hier garantiert nicht, versprochen! Dafür bringen sie beim Verschenken mindestens genauso viel gute Laune mit wie echte Pflanzen.

MATERIAL

* Vorlage zum Download unter www.emf-verlag.de/sagsmitpapier
* Schere
* Bleistift
* Tonkarton, z. B. in braun, rosa, grün, gelb (Reste)
* Klebepads
* weißer Gelstift
* Flüssigklebstoff

1. Drucke dir die Vorlage für Blume und Ranken aus, schneide sie aus und übertrage sie dann auf den jeweiligen Tonkarton deiner Wahl. Schneide alle Objekte aus.

2. Nun biegst du an allen Blütenblättern die Ecken vorsichtig etwas nach oben.

3. Im letzten Schritt wird die Blüte zusammengefügt. Dafür werden die Blütenblätter von groß nach klein angeordnet. Tupfe jeweils ein Klebepad auf die Mitte der Blüten und ordne das nächstkleinere Blütenblatt leicht versetzt darauf an. So wird die Blüte besonders üppig. In die Mitte der fertigen Blüte klebst du mit einem Klebepad den gelben Blütenstempel. Die Ranken drehst du auf die Rückseite und beklebst sie mit Klebepads. Damit befestigst du sie unter der Blüte auf dem Geschenk. Schreibe deine guten Wünsche mit einem weißen Gelstift auf den Wimpel. Drehe ihn um, beklebe ihn mit Klebepads und befestige ihn dann am Geschenk. Die Blüte klebst du anschließend mit Flüssigklebstoff am Geschenk fest.

Calla AUS PAPIER

Die Blüte der kelchförmigen Calla sieht richtig anmutig aus! Selbstgemacht aus Papier, bleibt sie für immer schön. Du kannst daraus einen Blumenstrauß basteln oder deine Geschenke verschönern.

MATERIAL

* Flüssigklebstoff
* 3 Zahnstocher pro Blüte
* Garn in Orange
* Schere
* Vorlage zum Download unter www.emf-verlag.de/sagsmitpapier
* Bleistift
* Tonpapier in Pink und Grün
* Wäscheklammer
* grüner Draht

1. Zuerst klebst du mit dem Flüssigklebstoff die drei Zahnstocher zusammen. Umwickle sie dann sehr eng mit dem orangefarbenen Garn und schneide es am Ende ab. Das wird der Blütenstempel der Calla.

2. Drucke dir die Vorlage für die Blüte aus und schneide diese aus. Übertrage sie anschließend auf das pinke Papier und schneide daraus die Blüte der Calla aus. Knicke die markierten Stellen nun nach außen.

3. Nun brauchst du die Calla-Blüte nur noch einzudrehen, sodass eine Seite überlappt. Klebe die Blüte an der Nahtstelle zusammen und fixiere das Papier zum Trocknen mit einer Wäscheklammer. Lass dabei unten im Trichter ein kleines Loch, durch das du den Blütenstempel schieben kannst, sodass er unten noch ein wenig herausragt. Hier kannst du grünen Draht als Stengel festkleben – oder eingedrehtes grünes Tonpapier verwenden.

4. Drucke dir dann die Vorlage für die Blätter aus, schneide sie aus und übertrage sie auf das grüne Tonpapier. Schneide die zwei Blätter aus und klebe sie am Stengel fest – fertig!

Lieber Max,
zu deinem 21.
Geburtstag
wünsche

Spitzen- BRIEFPAPIER

Nicht immer passen alle Gedanken auf eine Grußkarte. Da muss ein Brief her! Aber auch hier wird nur auf hübschem Papier geschrieben. Mit Tortenspitze und Aquarellfarbe lässt sich dieses verschönern.

MATERIAL

* Tortenspitze
* Papier
* Masking Tape
* alte Zahnbürste
* Farbkasten (Aquarell- oder Wasserfarben)
* Pinsel

1. Lege die Tortenspitze an den Rand des Papiers. Beachte dabei, dass später beim Spritzen alle Bereiche ohne Aussparungen weiß bleiben. Das heißt auch: Überall anders landet Farbe. Verdecke also am besten den Bereich auf dem Papier, wo du später schreiben möchtest. Achte darauf, dass die Tortenspitze nicht verrutscht. Wenn du dir sicher sein willst, nimm etwas Masking Tape zur Hilfe (dieses lässt sich wieder leicht ablösen) und befestige die Tortenspitze damit am Papier.

2. Fange nun an, mit der Zahnbürste die Farbe auf das Papier zu spritzen. Achte darauf, möglichst viel Farbe und wenig Wasser zu nehmen, dann werden die Farbspritzer intensiver.

3. Nun nimmst du den Pinsel zur Hand und wählst drei Farben aus, die sich gut für einen Farbverlauf eignen, zum Beispiel blau, lila und pink. Tupfe die Farben mit dem Pinsel nach und nach über die Tortenspitze, sodass sich ein schöner Farbverlauf ergibt. Nun kannst du die Tortenspitze vorsichtig abnehmen. Lass die Farbe gut trocknen und schreibe anschließend deinen Brief oder deine Botschaft auf das Papier.

Etiketten
SELBST GEMACHT

Selbst gemachte Marmeladen oder Limonaden sind besondere Geschenke. Diese wollen aber ordentlich verpackt werden! Richtig schön sehen die kleinen Gläser oder Fläschchen mit eigenen Etiketten aus.

❶

❷

MATERIAL

* Vorlage zum Download unter www.emf-verlag.de/sagsmitpapier
* Schere
* Brush Pen mit sehr kleiner Spitze
* Lochwerkzeug
* buntes Garn

1. Drucke dir eine der beiden Vorlagen für die Etiketten aus. Wenn das Etikett später direkt auf ein Glas soll, drucke es auf selbstklebendem Papier aus. Ansonsten nimm am besten normales, etwas festeres Druckerpapier, für Anhänger ist dies perfekt. Die Druckvorlage ist sehr groß – du kannst sie beim Ausdrucken so skalieren, wie sie für dein Projekt am besten passt.

2. Schneide das Etikett in der Form aus, die du haben möchtest – hier sind deiner Fantasie keine Grenzen gesetzt, es kann viereckig, rund oder herzförmig werden. Schreibe nun mit dem Brush Pen entweder persönliche Wünsche oder die Sorte der selbst gemachten Leckerei auf den Anhänger oder das Etikett. Jetzt kannst du das Etikett oder den Anhänger befestigen. Dafür stanzt du einfach ein kleines Loch in den Anhänger und ziehst das Garn hindurch. Besonders schön wirkt das Etikett, wenn es mit buntem Garn am Geschenk befestigt wird.

Lettering– GESCHENKPAPIER

Es muss nicht immer eine Glückwunschkarte sein. Wenn du die guten Wünsche in deiner schönsten Schrift direkt aufs Geschenkpapier schreibst, fallen sie noch mehr auf – wer braucht da noch eine Karte?

MATERIAL

* weißes Geschenkpapier
* Bleistift
* Lineal
* Brush Pen
* Radiergummi

1. Lege auf dem Geschenkpapier zunächst die Höhe deiner Zeilen fest, damit du einheitlich bleibst. Wenn du dich z. B. auf 5 cm hohe Zeilen festlegst, markiere dir die Abstände mit einem Bleistift. Überlege dir, welche beiden Schriften du nutzen willst – eine schöne Schreibschrift im Mix mit einer Druckschrift wirkt optisch sehr gut.

2. Wechsle deinen Glückwunsch (oder eine andere beliebige Botschaft) – z. B. „Alles Liebe" – in zwei Schriften auf dem Papier durch, schreibe also immer abwechselnd in einer der beiden Schriften. Die Schriftzüge kannst du z. B. durch ein Herz oder ein anderes Symbol trennen. Wechsle auch das Wort ab, mit dem du am Rand des Papieres startest. So erhältst du einen schönen Schriftenmix, der auch optisch abwechslungsreich ist. Radiere am Ende deine Bleistiftmarkierungen aus.

Vorsicht: Warte, bis die Farbe gut getrocknet ist, sonst kann es passieren, dass du sie beim Radieren verwischst.

Danksagung

Was du in den Händen hältst, ist nun schon mein drittes Buch zu meinem Lieblingsthema „DIY" – wow! Und diesmal ist es nicht nur ein Lieblings-, sondern auch ein Herzensthema, denn Stift und Papier sind die Bastelutensilien, die mich wohl schon am längsten begleiten. Danke, dass du mein Herzenswerk gekauft hast! Danke an meinen Mann Stefan, der nun schon die dritte Buchproduktion in unserer Wohnung hinter sich gebracht (und übrigens das tolle Coverfoto geschossen) hat. Außerdem bedanke ich mich beim Rest meiner Familie: meiner Mama, meinem Papa sowie meiner Schwester und meinem Bruder dafür, dass ihr immer hinter all meinen Projekten steht – egal, wie verrückt die sein mögen. Danke außerdem an Rayher für die großzügige Ausstattung mit Materialien!

Über die Autorin

Lisa Tihanyi, Jahrgang 1988, lebt seit ihrem Studium der Mediensoziologie in Mainz. Seit Anfang 2013 zeigt sie auf ihrem Blog „mein feenstaub" (www.meinfeenstaub.com) Ideen zum Selbermachen – ihre Leser*innen erhalten hier Inspiration rund um DIY, Upcycling, Handlettering und Designthemen. Ihre Leidenschaft für Ästhetik spiegelt sich in all ihren Selbermach-Projekten wider. Im Wegwerfen war sie noch nie besonders gut – warum also nicht aus alten Sachen neue tolle Einzelstücke basteln, die sonst niemand hat? Regelmäßig zeigt Lisa Tihanyi ihre Ideen in TV-Sendungen wie dem ARD-Buffet, Kaffee oder Tee oder dem Tigerenten-Club. Sie hat bereits zwei DIY-Bücher geschrieben: „Porzellan bemalen, verzieren, neu beleben" sowie „Weihnachtliches aus Fimo".